Francisco

SCRIPTURAE SACRAE AFFECTUS

Carta Apostólica
en el XVI centenario de la muerte de San Jerónimo

Introducción del
Cardenal Gianfranco Ravasi

00120 Città del Vaticano
Tel. 06.698.45780 - Fax 06.698.84716
E-mail: commerciale.lev@spc.va

ISBN 978-88-266-0512-8

www.vatican.va

www.libreriaeditricevaticana.com

INTRODUCCIÓN

Era el 30 de septiembre del año 420 y en Belén, cerca de la gruta de la Natividad de Cristo, el dálmata Jerónimo concluyó a su existencia terrena, cuya trama había sido particularmente variada e incluso atormentada. Exactamente mil seiscientos años después de aquel día de otoño, el Papa Francisco ha querido dedicarle una extensa e intensa Carta Apostólica que constituye la sustancia de este volumen. El título, *Scripturae Sacrae affectus,* tomado de la liturgia de la memoria del santo, constituye una síntesis extraordinaria de su experiencia personal y de su obra, de hecho, casi un estandarte emblemático de quien está en la memoria de todos como el traductor por excelencia de la Biblia a través de esa *Vulgata* que ha recorrido los siglos.

Precisamente por esto, su figura fue un referente capital para la historia de la cultura occidental e incluso para el arte, y es verdaderamente sorprendente que el propio Papa haya querido evocar algunos retratos artísticos «sapienciales», empezando por la «conmovedora obra maestra» de la tabla de Jerónimo penitente en el desierto que pintó Leonardo da Vinci en torno a 1482 y que tuvo una historia de trazo novelesco. También las últimas horas vividas por el santo estuvieron representadas por el imponente retablo en el que Domenichino, entre 1611 y 1614, fijó la extrema *Comunión de san Jerónimo*, obra conservada como la otra en la Pinacoteca Vaticana. En un ambiente hierático, el famoso «León de Belén», ya debilitado, recibe la Eucaristía rodeado de sus discípulos y la fiel Paola, testigos de las comunidades monásticas que fundó.

* * *

La Carta Apostólica es un verdadero retrato histórico-teológico de este apasionado amante de la Palabra de Dios, es una guía para recorrer su vasta actividad exegética y espiritual, es un llamado a seguir sus pasos «amando lo que él amó». La claridad del dictado y de la estructura del texto papal es tal que no requiere comentario, sino solo una lectura atenta: cada página está llena de citas muy sugerentes tomadas de los escritos jeronimianos. Por eso es realmente posible escuchar casi su voz, con la multiplicidad de tonos, acentos, los mismos sentimientos de una personalidad tan fuerte y con los rasgos típicos de los profetas bíblicos con su vehemencia y pasión.

La compleja secuencia de los eventos biográficos distribuidos sobre todo entre Roma y Tierra Santa se reconstruye de forma precisa pero vivaz, a partir del famoso punto de inflexión de la Cuaresma del 375 que nosotros también queremos recordar. Somnoliento por la fiebre, una especie de visión se había abierto en su mente. De pie ante el Juez divino, «fui interrogado sobre mi condición; le respondí que era cristiano. Pero quien presidía ese encuentro me golpeó: ¡Mientes! ¡Eres ciceroniano, no cristiano!». «Señor – respondí – si todavía tengo libros mundanos en la mano, si los leo, ¡será como si te hubiera negado!». Así relata el santo el gran viraje de su vida en una carta, la 22 del catálogo tradicional, dirigida al fiel discípulo Eustoquio.

«Me convertí entonces – narrará en otro escrito epistolar – en discípulo de un hermano judío convertido para aprender, después de las sutilezas de Quintiliano, los ríos de elocuencia de Cicerón, la gravedad del Frontón y la simpatía de Plinio, un nuevo alfabeto y para practicar para pronunciar sonidos agudos y aspirados. Qué cansancio fue para mí, qué dificultades encontré, cuántas veces paré y luego, por el deseo de aprender, comencé de nuevo, solo mi conciencia puede dar testimonio, que ha soportado todo esto, pero también la de aquellos quienes fueron mis compañeros de vida». Así comenzó la gran aventura que se hizo famosa con el nombre de *Vulgata*, es decir, la elaboración de una traducción latina «popular» de la Biblia.

El Papa sigue desde ese momento todo el itinerario, en cierto modo fascinante y accidentado, de la experiencia cristiana de Jerónimo, que tiene su corazón en el amor por la Sagrada Escritura afrontada en su doble dimensión de «letra» y «espíritu». El eje fundamental de su historia humana y espiritual está en su trabajo de traductor, encarnado precisamente en la *Vulgata*, «el fruto más dulce de la ardua siembra» de sus estudios literarios e histórico-críticos. En este sentido, el Papa Francisco ofrece no solo una serie de valiosas anotaciones sobre la importancia de esta operación en sus características básicas, sino también en la importancia eclesial que registró. Sobre todo, captura el alma muy original que también está en la raíz de cada traducción calificada que continúa revelándose hoy a través de las incesantes versiones de la Biblia en los más diversos idiomas.

Traducir, de hecho, es un acto de inculturación y, en este sentido, al recuperar explícitamente una reflexión significativa desarrollada por el pensamiento contemporáneo (P. Ricoeur, L. Wittgenstein, G. Steiner), el Papa establece «una analogía entre la traducción, como acto de hospitalidad lingüística, y otras formas de hospitalidad. Por eso, la traducción no es un trabajo que concierne únicamente al lenguaje, sino que corresponde, de hecho, a una decisión ética más amplia, que está relacionada con toda la visión de la vida. Sin traducción, las diferentes comunidades lingüísticas no podrían comunicarse entre sí; nosotros cerraríamos las puertas de la historia y negaríamos la posibilidad de construir una cultura del encuentro. En efecto, sin traducción no hay hospitalidad y se fortalecen las acciones de hostilidad. El traductor es un constructor de puentes. ¡Cuántos juicios temerarios, cuántas condenas y conflictos surgen del hecho de ignorar el idioma de los demás y de no esforzarnos, con tenaz esperanza, en esta prueba infinita de amor que es la traducción!».

* * *

Con todas las reservas críticas, a menudo comprensibles consideradas las diferentes coordenadas cronológicas y culturales y nuestra diferente sensibilidad filológica, la *Vulgata* no solo ha constituido un monumento literario del latín tardío, sino que ha plasmado la lengua teológica del Occidente cristiano. En realidad, el éxito llegó al trabajo de Girolamo solo un par de siglos después. Fue San Gregorio Magno, Papa desde 590 hasta 605, quien utilizó la traducción de Jerónimo para sus escritos exegéticos y espirituales. Le siguieron el casi contemporáneo Isidoro de Sevilla y Beda el Venerable, fallecido en 735. El río de copias creció espectacularmente, arrastrando consigo escombros de todo tipo, es decir, errores de escribas, cambios intencionales, variaciones marginales, contaminación con otras versiones latinas antiguas. Entonces fue necesario realizar revisiones y codificaciones que dieron lugar a auténticas tipologías textuales representadas por familias de códigos, agrupados convencionalmente según áreas geográficas.

Así nació el llamado modelo «italiano», denominado por el ámbito primario de difusión de la *Vulgata*: no hay que olvidar que el historiador y teólogo Casiodoro del siglo VI fue con san Gregorio un artífice de la adopción de la versión jeronimiana para la lectura y el estudio de la Biblia en su *Vivarium*, la «universidad» que fundó en sus tierras de Squillace en Calabria. Hubo una tipología «gala» ligada a Alcuino, encargado para esta operación por Carlomagno (siglos VIII-IX); otros modelos aparecieron en España e Irlanda. No es necesario para nuestros propósitos delinear el perfil de este delta ramificado en el que desembarcó el río de la *Vulgata* ni describir las revisiones realizadas por diversas figuras, como por ejemplo san Pier Damiani y Lanfranco di Pavia en el siglo XI. El texto más difundido que continuó su camino en los siglos siguientes hasta el Renacimiento fue la llamada *Biblia Parisiensis*, en uso en la Universidad de París, pero una de las formas menos perfectas de la larga vida de la *Vulgata.*

Pero no fue hasta el Concilio de Trento, después de que fuera afirmada la «autenticidad» de la *Vulgata* como texto bíblico oficial de la Iglesia católica (8 de abril de 1546) – sobre cuyo valor específico la Carta Apostólica ofrece una indicación esencial y precisa – se expresó el voto por una «edición típica» más rigurosa. El deseo de los Padres conciliares se realizó solo el 9 de noviembre de 1592, después de eventos atormentados que implicaron a cinco Papas (Pío IV, Pío V, Sixto V, Gregorio XIV, Clemente VIII). Fue publicada entonces la edición definitiva con el título *Biblia Sacra Vulgatae editionis Sixti Quinti Pont. iussu recognita atque edita.* En la edición de Lyon de 1604 se añadió también el nombre de Clemente VIII y desde entonces se habló de «Biblia sixto-clementina». Las revisiones fueron incesantes en los siglos siguientes hasta la propuesta particular de la *Neovulgata* promulgada por san Juan Pablo II en 1979 y citada explícitamente en la Carta.

El caso es que, a pesar de la diferencia de las épocas, la *Vulgata* sigue ejerciendo hoy una indudable fascinación literaria, también por su uso en la historia del arte y la música. Además, como dijimos, de alguna manera ha condicionado el pensamiento y el vocabulario teológicos. Ahora bien, el estudioso francés Georges Mounin ironizaba definiendo toda buena traducción como una *belle infidèle*, bella, sí, pero con cierto grado de infidelidad respecto a la matriz original, sobre todo cuando se trata de diferentes sistemas lingüísticos y culturales. Él seguía la estela del gran Cervantes, autor de Don Quijote, convencido de que cada versión era como el reverso siempre empañado de un hermoso tapiz. Los problemas que plantea la traducción de un texto son, de hecho, no solo lingüístico-literarios sino hermenéuticos, especialmente cuando se trata de una Escritura «sagrada». Sin embargo, Jerónimo sigue siendo, aún hoy, precisamente en este sentido, un emblema de mérito y método, con su rigor y su libertad, con su conocimiento y la creatividad.

* * *

Pero más allá de las cuestiones estrictamente críticas, el Papa casi en el trasfondo de todo el texto, orienta a la comunidad eclesial en esta celebración del centenario a recoger la herencia sustancial de san Jerónimo, es decir, el amor hecho del estudio y la adhesión vital a la Palabra de Dios. Este es un tema constantemente exaltado por el Magisterio eclesial. En particular, emergen las atestaciones del Concilio Vaticano II con la *Dei Verbum*, la Exhortación apostólica *Verbum Domini* que Benedicto XVI emitió precisamente en memoria del santo, el 30 de septiembre de 2010, la *Evangelii Gaudium* y el *Aperuit illis* del propio Papa Francisco, ni se puede olvidar que en el paralelo XV centenario de la muerte de Jerónimo en 1920, Benedicto XV promulgó la encíclica *Spiritus Paraclitus*. En efecto, «el rasgo peculiar de la figura espiritual de san Jerónimo sigue siendo, sin duda, su amor apasionado por la Palabra de Dios, transmitida a la Iglesia en la Sagrada Escritura».

Otros rasgos surgen en las páginas de la Carta Apostólica. En particular, su compromiso teórico y práctico con la vida monástica, así como su amor vivo por la Virgen Madre que «meditaba en su corazón» (*Lc* 2, 19.51) «era santa y había leído las Sagradas Escrituras, conocía a los profetas y recordaba lo que el ángel Gabriel le había anunciado y lo que se le había augurado por boca de los profetas». Un rasgo, generalmente menos subrayado que sin embargo el Papa Francisco desarrolla, es el del vínculo del santo con la Cátedra de Pedro. Además, en el Padre de la Iglesia domina el eje cristológico que guiará no solo su fe sino también su exégesis. De hecho, lo que él mismo escribió sobre su amigo Nepociano se aplica a su figura: «Con lectura asidua y meditación constante había hecho de su corazón una biblioteca de Cristo».

Esta premisa nuestra – dedicada a un texto verdaderamente luminoso como son estas páginas consagradas por el Papa Francisco a un Padre de la Iglesia con un temperamento ardiente y hasta provocador, pero también con una fe límpida y cálida como la de san Jerónimo – podría fácilmente tener un sigilo en el mismo documento pontificio. La síntesis final, de hecho, se encuentra en la apelación final de la Carta.

Retomando la imagen recientemente propuesta de la «biblioteca de Cristo», el Papa nos recuerda que la de Jerónimo es una biblioteca viva que «sigue enseñándonos lo que significa el amor de Cristo, un amor que no se puede separar del encuentro con su Palabra. Por esta razón, el centenario actual representa una llamada a amar lo que Jerónimo amó, redescubriendo sus escritos y dejándonos tocar por el impacto de una espiritualidad que puede describirse, en su núcleo más vital, como el deseo inquieto y apasionado de un conocimiento más profundo del Dios de la Revelación. ¿Cómo no escuchar, en nuestros días, lo que Jerónimo exhortaba incesantemente a sus contemporáneos: "Lee muy a menudo las Divinas Escrituras, o mejor, nunca el texto sagrado se te caiga de las manos"?».

Cardenal GIANFRANCO RAVASI

FRANCISCO

Carta Apostólica

Scripturae Sacrae affectus

en el XVI centenario
de la muerte de San Jerónimo

Una estima por la Sagrada Escritura, un amor vivo y suave por la Palabra de Dios escrita es la herencia que san Jerónimo ha dejado a la Iglesia a través de su vida y sus obras. Las expresiones, tomadas de la memoria litúrgica del santo,[1] nos ofrecen una clave de lectura indispensable para conocer, en el XVI centenario de su muerte, su admirable figura en la historia de la Iglesia y su gran amor por Cristo. Este amor

[1] «Deus qui beato Hieronymo presbitero suavem et vivum Scripturae Sacrae affectum tribuisti, da, ut populus tuus verbo tuo uberius alatur et in eo fontem vitae inveniet» (Collecta Missae Sancti Hieronymi, *Missale Romanum*, editio typica tertia, Civitas Vaticana 2002). Traducción en lengua española: «Oh, Dios, que concediste al presbítero san Jerónimo un amor suave y vivo a la Sagrada Escritura, haz que tu pueblo se alimente de tu palabra con mayor abundancia y encuentre en ella la fuente de la vida» (Oración colecta Memoria litúrgica de san Jerónimo, *Misal Romano*, Madrid 2017).

se extiende, como un río en muchos cauces, a través de su obra de incansable estudioso, traductor, exegeta, profundo conocedor y apasionado divulgador de la Sagrada Escritura; fino intérprete de los textos bíblicos; ardiente y en ocasiones impetuoso defensor de la verdad cristiana; ascético y eremita intransigente, además de experto guía espiritual, en su generosidad y ternura. Hoy, mil seiscientos años después, su figura sigue siendo de gran actualidad para nosotros, cristianos del siglo XXI.

Introducción

El 30 de septiembre del año 420, Jerónimo concluía su vida terrena en Belén, en la comunidad que fundó junto a la gruta de la Natividad. De este modo se confiaba a ese Señor que siempre había buscado y conocido en la Escritura, el mismo que como Juez ya había encontrado en una visión, cuando padecía fiebre, quizá en la Cuaresma del año 375. En ese acontecimiento, que marcó un viraje decisivo en su vida, un momento de conversión y cambio de perspectiva, se sintió arrastrado a la presencia del Juez: «Interrogado acerca de mi condición, respondí que era cristiano. Pero el que estaba sentado me dijo: "Mientes; tú eres ciceroniano, tú no eres cristiano"».[2] San Jerónimo, en efecto, había amado desde joven la belleza límpida de los textos clásicos latinos y, en comparación, los escritos de la Biblia le parecían, inicialmente, toscos e imprecisos, demasiado ásperos para su refinado gusto literario.

Ese episodio de su vida favoreció la decisión de consagrarse totalmente a Cristo y a su Palabra, dedicando su existencia a hacer que las palabras divinas, a través de su infatigable trabajo de traductor y comentarista, fueran cada vez más accesibles a los demás. Ese acontecimiento dio a su vida una orientación nueva y más decidida: convertirse en servidor de la Palabra de Dios, como enamorado de la "carne de la Escritura". Así, en la búsqueda continua que caracterizó su vida, revalorizó sus estudios juveniles y la formación recibida en Roma, reordenando su saber en un servicio más maduro a Dios y a la comunidad eclesial.

Por eso, san Jerónimo entra con pleno derecho entre las grandes figuras de la Iglesia de la época antigua, en el periodo llamado el siglo de oro de la patrística, verdadero puente entre Oriente y Occidente: fue amigo de juventud de

[2] *Epistula* (en adelante: *Ep.*) 22, 30: *CSEL* 54, 190.

Rufino de Aquilea, visitó a Ambrosio y mantuvo una intensa correspondencia con Agustín. En Oriente conoció a Gregorio Nacianceno, Dídimo el Ciego, Epifanio de Salamina. La tradición iconográfica cristiana lo consagró representándolo, junto con Agustín, Ambrosio y Gregorio Magno, entre los cuatro grandes doctores de la Iglesia de Occidente.

Mis predecesores también quisieron recordar su figura en diversas circunstancias. Hace un siglo, con ocasión del decimoquinto centenario de su muerte, Benedicto XV le dedicó la Carta encíclica *Spiritus Paraclitus* (15 septiembre 1920), presentándolo al mundo como «doctor maximus explanandis Scripturis».[3] En tiempos más recientes, Benedicto XVI expuso su personalidad y sus obras en dos catequesis sucesivas.[4] Ahora, en el decimosexto centenario de su muerte, también yo deseo recordar a san Jerónimo y volver a proponer la actualidad de su mensaje y de sus enseñanzas, a partir de su gran estima por las Escrituras.

[3] *AAS* 12 (1920), 385-423.

[4] Cf. Audiencias Generales 7 y 14 noviembre 2007: *L'Osservatore Romano*, ed. semanal en lengua española (9 noviembre 2007), p. 12; *ibíd.* (16 noviembre 2007), p. 16.

En este sentido, puede conectarse perfectamente, como guía segura y testigo privilegiado, con la XII Asamblea del Sínodo de los Obispos, dedicada a la Palabra de Dios,[5] y con la Exhortación apostólica *Verbum Domini* (*VD*) de mi predecesor Benedicto XVI, publicada precisamente en la fiesta del santo, el 30 de septiembre de 2010.[6]

De Roma a Belén

La vida y el itinerario personal de san Jerónimo se consumaron por las vías del imperio romano, entre Europa y Oriente. Nació alrededor del año 345 en Estridón, frontera entre Dalmacia y Panonia, en el territorio de la actual Croacia y Eslovenia, y recibió una sólida educación en una familia cristiana. Según el uso de la época, fue bautizado en edad adulta, en los años en que estudió retórica en Roma, entre el 358 y el 364. Precisamente en este periodo romano se convirtió en un lector insaciable de los clásicos latinos, que estudiaba bajo la guía de los maestros de retórica más ilustres de su tiempo.

[5] Sínodo de los Obispos, *Mensaje al Pueblo de Dios de la XII Asamblea general ordinaria* (24 octubre 2008).

[6] Cf. *AAS* 102 (2010), 681-787.

Al finalizar los estudios emprendió un largo viaje a la Galia, que lo llevó a la ciudad imperial de Tréveris, hoy Alemania. Allí entró en contacto, por primera vez, con la experiencia monástica oriental difundida por san Atanasio. De este modo maduró un deseo profundo que lo acompañó a Aquilea donde inició con algunos de sus amigos «un coro de bienaventurados»[7], un periodo de vida en común.

Hacia el año 374, pasando por Antioquía, decidió retirarse al desierto de Calcis, para realizar, de forma cada vez más radical, una vida ascética, en la que estaba reservado un amplio espacio al estudio de las lenguas bíblicas, primero del griego y después del hebreo. Se confió a un hermano judío, convertido al cristianismo, que lo introdujo en el conocimiento de la nueva lengua hebrea y de los sonidos, que definió «palabras fricativas y aspiradas».[8]

Jerónimo eligió y vivió el desierto, con la consiguiente vida eremítica, en su significado más profundo: como lugar de las elecciones existenciales fundamentales, de intimidad y encuentro con Dios, donde a través de la contemplación, las pruebas interiores y el combate espiritual lle-

[7] *Chronicum* 374: *PL* 27, 697-698.

[8] *Ep.* 125, 12: *CSEL* 56, 131.

gó al conocimiento de la fragilidad, con una mayor conciencia de los límites propios y ajenos, reconociendo la importancia de las lágrimas.[9] Así, en el desierto, experimentó concretamente la presencia de Dios, la necesaria relación del ser humano con Él, su consolación misericordiosa. A este respecto, me gusta recordar una anécdota, de tradición apócrifa. Jerónimo le dijo al Señor: "¿Qué quieres de mí?" Y Él le respondió: "Todavía no me has dado todo". "Pero, Señor, yo te di esto, esto y esto…" —"Falta una cosa" —"¿Qué cosa?" —"Dame tus pecados, para que pueda tener la alegría de perdonarlos otra vez".[10]

Volvemos a encontrarlo en Antioquía, donde fue ordenado sacerdote por el obispo Paulino, después en Constantinopla, hacia el año 379, donde conoció a Gregorio Nacianceno y prosiguió sus estudios; se dedicó a traducir del griego al latín importantes obras (las homilías de Orígenes y la crónica de Eusebio), respiró el clima del Concilio celebrado en esa ciudad en el año

[9] Cf. *Ep.* 122, 3: *CSEL* 56, 63.

[10] Cf. *Homilía en la Santa Misa,* Domus Sanctae Marthae (10 diciembre 2015): *L'Osservatore Romano,* ed. semanal en lengua española (18 diciembre 2015), p. 13. La anécdota se encuentra en A. Louf, *Sotto la guida dello Spirito*, Qiqaion, Magnano (BI) 1990, 154-155.

381. En esos años, su pasión y su generosidad se revelaron en el estudio. Una bendita inquietud lo guiaba y lo volvía incansable y apasionado en la búsqueda: «Cuántas veces me desanimé, cuántas desistí para empezar de nuevo en mi empeño de aprender», conducido por la "amarga semilla" de semejantes estudios para poder recoger "dulces frutos".[11]

En el año 382 Jerónimo volvió a Roma y se puso a disposición del papa Dámaso quien, valorando sus grandes cualidades, lo nombró su estrecho colaborador. Aquí Jerónimo se dedicó a una actividad incesante, sin olvidar la dimensión espiritual. En el Aventino, gracias al apoyo de mujeres aristocráticas romanas, deseosas de elecciones evangélicas radicales, como Marcela, Paula y su hija Eustoquio, creó un cenáculo fundado en la lectura y el estudio riguroso de la Escritura. Jerónimo fue exegeta, docente, guía espiritual. En ese tiempo comenzó una revisión de las anteriores traducciones latinas de los Evangelios, y quizá también de otras partes del Nuevo Testamento; continuó su trabajo como traductor de homilías y comentarios escriturísticos de Orígenes, desplegó una intensa actividad

[11] Cf. *Ep.* 125, 12: *CSEL* 56, 131.

epistolar, se confrontó públicamente con autores heréticos, a veces con excesos e intransigencias, pero siempre movido sinceramente por el deseo de defender la verdadera fe y el depósito de las Escrituras.

Este periodo intenso y prolífico se interrumpió con la muerte del papa Dámaso. Se vio obligado a dejar Roma y, seguido por algunos amigos y mujeres deseosas de continuar la experiencia espiritual y el estudio bíblico que habían comenzado, partió hacia Egipto —donde conoció al gran teólogo Dídimo el Ciego— y Palestina, para establecerse definitivamente en Belén en el año 386. Retomó sus estudios filológicos, arraigados en los lugares físicos que habían sido escenario de esas narraciones.

La importancia que daba a los lugares santos se evidencia no sólo por la elección de vivir en Palestina, desde el año 386 hasta su muerte, sino también por el servicio a las peregrinaciones. Precisamente en Belén, lugar privilegiado para él, cerca de la gruta de la Natividad fundó dos monasterios "gemelos", masculino y femenino, con albergues para acoger a los peregrinos venidos *ad loca sancta*, manifestando así su generosidad para alojar a cuantos llegaban a aquella tierra para ver y tocar los lugares de la historia de la salvación, uniendo de este modo la búsqueda cultural a la espiritual.[12]

Poniéndose a la escucha, Jerónimo se encontró a sí mismo en la Sagrada Escritura, como también el rostro de Dios y de los hermanos, y afinó su predilección por la vida comunitaria. De ahí su deseo de vivir con los amigos, como en los tiempos de Aquilea, y de fundar comunidades monásticas, persiguiendo el ideal cenobítico de vida religiosa que ve al monasterio como "lugar de entrenamiento" donde formar personas «que se hayan hecho los más insignificantes de todos para merecer ser los primeros», felices en la pobreza y capaces de enseñar con el propio estilo de vida. De hecho, consideraba formativo vivir «bajo la disciplina de un solo padre y en compañía de muchos hermanos» para aprender la humildad, la paciencia, el silencio y la mansedumbre, consciente de que «a la verdad no le gustan los rincones ni le hacen falta los chismosos».[13] Además, confiesa que comenzó a «sentir [...] nostalgia de las celdas del monasterio y a echar de menos la similitud de aquellas hormigas con los monjes, entre los

[12] Cf. *VD*, 89: *AAS* 102 (2010), 761-762.

[13] Cf. *Ep.* 125, 9.15.19: *CSEL* 56, 128.133-134.139.

cuales se trabaja en común y, aunque nada sea propiedad de cada cual, todos lo tienen todo».[14]

Jerónimo no encontró en el estudio un deleite efímero centrado en sí mismo, sino un ejercicio de vida espiritual, un medio para llegar a Dios y, de este modo, su formación clásica se reordenó también en un servicio más maduro a la comunidad eclesial. Pensemos en la ayuda que dio al papa Dámaso, en la enseñanza que dedicó a las mujeres, especialmente para el hebreo, desde el primer cenáculo en el Aventino, hasta hacer entrar a Paula y Eustoquio en «las discrepancias de los traductores»[15] y, algo inaudito para ese tiempo, permitirles que pudieran leer y cantar los Salmos en la lengua original.[16]

Una cultura, la suya, puesta al servicio y confirmada como necesaria para todo evangelizador. Así le recordaba al amigo Nepociano: «La palabra del presbítero está inspirada por la lectura de las Escrituras. No te quiero ni declamador, ni deslenguado, ni charlatán, sino conocedor del misterio e instruido en los designios de tu Dios.

[14] *Vita Malchi monachi captivi* 7, 3: *PL* 23, 59-60; S. Jerónimo, *Vidas de tres monjes: Obras completas, edición bilingüe*, vol. II, ed. BAC, Madrid 2002, 631.

[15] *Praef. Esther* 2: *PL* 28, 1505.

[16] Cf. *Ep.* 108, 26: *CSEL* 55, 344-345.

Hablar con engolamiento o precipitadamente para suscitar admiración ante el vulgo ignorante es propio de hombres incultos. El hombre de frente altanera se lanza con frecuencia a interpretar lo que ignora, y si logra convencer a los demás, se arroga para sí mismo el saber».[17]

Hasta su muerte en el año 420, Jerónimo transcurrió en Belén el periodo más fecundo e intenso de su vida, completamente dedicado al estudio de la Escritura, comprometido en la monumental obra de traducción de todo el Antiguo Testamento a partir del original hebreo. Al mismo tiempo, comentaba los libros proféticos, los salmos, las obras paulinas, escribía subsidios para el estudio de la Biblia. El trabajo valioso que se encuentra en sus obras es fruto del diálogo y la colaboración, desde la copia y el análisis de los manuscritos hasta su reflexión y discusión: Para estudiar «los libros divinos yo nunca he confiado en mis propias fuerzas ni he tenido como maestra mi propia opinión, sino que he solido preguntar incluso sobre aquellas cosas que yo creía saber, ¡cuánto más sobre aquellas de las que yo estaba dudoso!».[18] Por eso, consciente de sus propios lí-

[17] *Ep.* 52, 8: *CSEL* 54, 428-429; cf. *VD*, 60: *AAS* 102 (2010), 739.

[18] *Praef. Paralipomenon LXX* 1.10-15: *SCh* 592, 340.

mites, pedía auxilio continuamente en la oración de intercesión, para que la traducción de los textos sagrados estuviera hecha «con el mismo espíritu con que fueron escritos los libros»[19], sin olvidar traducir también otras obras de autores como Orígenes, indispensables para el trabajo exegético, para «procurar materiales a quienes quieran adelantar en el conocimiento de las cosas».[20]

El estudio de Jerónimo se reveló como un esfuerzo realizado en la comunidad y al servicio de la comunidad, modelo de sinodalidad también para nosotros, para nuestro tiempo y para las diversas instituciones culturales de la Iglesia, con vistas a que sean siempre «lugar donde el saber se vuelve servicio, porque sin el saber nacido de la colaboración y que se traduce en la cooperación no hay desarrollo humano genuino e integral»[21]. El fundamento de esa comunión es la Escritura, que no podemos leer por nuestra cuenta: «La Biblia ha sido escrita por el Pueblo de Dios y para el Pueblo de Dios, bajo la inspiración del Espíritu Santo. Sólo en esta comunión

[19] *Praef. in Pentateuchum*: *PL* 28, 184.

[20] *Ep.* 80, 3: *CSEL* 55, 105.

[21] *Mensaje con motivo de la XXIV solemne Sesión pública de las Academias Pontificias* (4 diciembre 2019): *L'Osservatore Romano* (6 diciembre 2019), p. 8.

con el Pueblo de Dios podemos entrar realmente, con el "nosotros", en el núcleo de la verdad que Dios mismo quiere comunicarnos».[22]

La vigorosa experiencia de vida de Jerónimo, alimentada por la Palabra de Dios, hizo que se convirtiera en guía espiritual, a través de una intensa correspondencia epistolar. Se hizo compañero de viaje, convencido de que «ningún arte se aprende sin maestro», como escribe a Rústico: «Todo lo que pretendo insinuarte, tomándote de la mano, todo lo que pretendo inculcarte, como el experto marino que ha pasado por muchos naufragios lo haría con un remero bisoño».[23] Desde aquel rincón tranquilo del mundo acompañaba a la humanidad en una época de grandes cambios, marcada por acontecimientos como el saqueo de Roma del año 410, que lo afectó profundamente.

Confiaba en sus cartas las polémicas doctrinales, siempre en defensa de la recta fe, revelándose como hombre de relaciones vividas con fuerza y con dulzura, involucrado totalmente, sin formas edulcoradas, experimentando que «el amor no tiene precio».[24] Así vivía sus afectos, con ímpetu y sinceridad. Esta implicación en las

[22] *VD*, 30: *AAS* 102 (2010), 709.
[23] *Ep.* 125, 15.2: *CSEL* 56, 133.120.
[24] *Ep.* 3, 6: *CSEL* 54, 18.

situaciones en las que vivía y actuaba se constata también con el hecho de que ofrecía su trabajo de traducción y crítica como *munus amicitiae*. Era un don ante todo para los amigos, a quienes destinaba y dedicaba sus obras, y a quienes les pedía que las leyeran con ojos amigables más que críticos, y luego para los lectores, sus contemporáneos y los de todos los tiempos.[25]

Dedicó los últimos años de su vida a la lectura orante personal y comunitaria de la Escritura, a la contemplación, al servicio a los hermanos a través de sus obras. Todo esto en Belén, junto a la gruta donde la Virgen dio a luz al Verbo, consciente de que es «dichoso aquel que porta en su pecho la cruz, la resurrección y el lugar del nacimiento de Cristo y el de la ascensión. Dichoso aquel que tiene a Belén en su corazón, y en cuyo corazón Cristo nace a diario».[26]

La clave sapiencial de su retrato

Para una plena comprensión de la personalidad de san Jerónimo es necesario conjugar dos dimensiones características de su existen-

[25] Cf. *Praef. Josue* 1, 9-12: *SCh* 592, 316.

[26] *Homilia in Psalmum 95*: *PL* 26, 1181; cf. S. Jerónimo, *Obras homiléticas. Comentario a los Salmos: Obras completas, edición bilingüe*, vol. I, ed. BAC, Madrid 1999, 359.

cia como creyente. Por un lado, su absoluta y rigurosa consagración a Dios, con la renuncia a cualquier satisfacción humana, por amor a Cristo crucificado (cf. *1 Co* 2,2; *Flp* 3,8.10); por otro lado, el esfuerzo de estudio asiduo, dirigido exclusivamente a una comprensión del misterio del Señor cada vez más profunda. Es precisamente este doble testimonio ofrecido de modo admirable por san Jerónimo, el que se propone como modelo, sobre todo, para los monjes, quienes viven de ascesis y oración, con vistas a que se dediquen al trabajo asiduo de la investigación y del pensamiento; después, para los estudiosos, que deben recordar que el saber sólo es válido religiosamente si está fundado en el amor exclusivo a Dios, y expoliado de toda ambición humana y aspiración mundana.

Tales dimensiones fueron incorporadas en el campo de la historia del arte, donde la presencia de san Jerónimo es frecuente: grandes maestros de la pintura occidental nos han dejado sus representaciones. Podríamos organizar las diversas tipologías iconográficas en dos líneas distintas. Una lo define sobre todo como monje y penitente, con un cuerpo marcado por el ayuno, retirado en zonas desérticas, de rodillas o postrado en tierra, en muchos casos apretando una piedra en la mano derecha para golpearse el pecho, y con los ojos vueltos al Crucificado. En esta línea se sitúa la conmovedora obra maestra de Leonardo da Vinci conservada en la Pinacoteca Vaticana. Otro modo de representar a Jerónimo es el que lo muestra vestido como un estudioso, sentado en su escritorio, dedicado a la traducción y al comentario de la Sagrada Escritura, rodeado de libros y pergaminos, consagrado a la misión de defender la fe a través del pensamiento y la escritura. Albrecht Dürer, por citar otro ejemplo ilustre, lo representó más de una vez en esta actitud.

Los dos aspectos evocados anteriormente se encuentran unidos en el lienzo de Caravaggio, en la Galería Borghese de Roma. En una única escena se representa al anciano asceta, vestido ligeramente con un manto rojo, que tiene un cráneo sobre la mesa, símbolo de la vanidad de las realidades terrenas; pero al mismo tiempo también se manifiesta con vehemencia su cualidad de estudioso, que tiene los ojos fijos en el libro, mientras su mano mete la pluma en el tintero, como acto que caracteriza al escritor.

De manera análoga —que llamaría sapiencial— debemos comprender el doble perfil del itinerario biográfico de Jerónimo. Cuando, como un verdadero «León de Belén», exageraba en los tonos, lo hacía por la búsqueda de una verdad que estaba dispuesto a servir incondicionalmente. Y como él mismo explica en el primero de sus escritos, *Vida de san Pablo*, ermitaño de Tebas, los leones son capaces de «desaforados rugidos», pero también de lágrimas.[27] Por este motivo, las dos fisonomías contrapuestas que aparecen en su figura son, en realidad, elementos con los que el Espíritu Santo le permitió madurar su unidad interior.

Amor por la Sagrada Escritura

El rasgo peculiar de la figura espiritual de san Jerónimo sigue siendo, sin duda, su amor apasionado por la Palabra de Dios, transmitida a la Iglesia en la Sagrada Escritura. Si todos los Doctores de la Iglesia —y en particular los de la época cristiana primitiva— obtuvieron explícitamente de la Biblia el contenido de sus enseñanzas, Jerónimo lo hizo de una manera más sistemática y en algunos aspectos única.

En los últimos tiempos los exegetas han descubierto el genio narrativo y poético de la Biblia, exaltado precisamente por su calidad expresiva. Jerónimo, en cambio, lo que enfatizaba de

[27] Cf. *Vita S. Pauli primi eremitae*, 16, 2: *PL* 23, 28; S. JERÓNIMO, *Vida de tres monjes: Obras completas, edición bilingüe*, vol. II, ed. BAC, Madrid 2002, 615.

las Escrituras era más bien el carácter humilde con el que Dios se reveló, expresándose en la naturaleza áspera y casi primitiva de la lengua hebrea, comparada con el refinamiento del latín ciceroniano. Por tanto, no se dedicaba a la Sagrada Escritura por un gusto estético, sino —como es bien conocido— sólo porque lo llevaba a conocer a Cristo, porque ignorar las Escrituras es ignorar a Cristo.[28]

Jerónimo nos enseña que no sólo se deben estudiar los Evangelios, y que no es solamente la tradición apostólica, presente en los Hechos de los Apóstoles y en las Cartas, la que hay que comentar, sino que todo el Antiguo Testamento es indispensable para penetrar en la verdad y la riqueza de Cristo.[29] Las mismas páginas del Evangelio lo atestiguan: nos hablan de Jesús como Maestro que, para explicar su misterio, recurre a Moisés, a los profetas y a los Salmos (cf. *Lc* 4,16-21; 24,27.44-47). Incluso la predicación de Pedro y Pablo, en los Hechos, se fundamenta emblemáticamente en las antiguas Escrituras; sin

[28] Cf. *In Isaiam Prol.*: *PL* 24, 17. S. Jerónimo, *Comentario a Isaías (Libros I-XII): Obras completas, edición bilingüe*, vol. VIa, ed. BAC, Madrid 2007, 5.

[29] Cf. Conc. Ecum. Vat. II, Const. dogm. *Dei Verbum*, sobre la divina revelación, 14.

ellas, no puede entenderse plenamente la figura del Hijo de Dios, el Mesías Salvador. El Antiguo Testamento no debe considerarse como un vasto repertorio de citas que demuestran el cumplimiento de las profecías en la persona de Jesús de Nazaret. En cambio, más radicalmente, sólo a la luz de las "figuras" veterotestamentarias es posible comprender plenamente el significado del acontecimiento de Cristo, cumplido en su muerte y resurrección. De ahí la necesidad de redescubrir, en la práctica catequética y en la predicación, así como en las discusiones teológicas, el aporte indispensable del Antiguo Testamento, que debe ser leído y asimilado como alimento precioso (cf. *Ez* 3,1-11; *Ap* 10,8-11).[30]

La dedicación total de Jerónimo a las Escrituras se manifestó en una forma de expresión apasionada, semejante a la de los antiguos profetas. De ellos sacaba nuestro Doctor su fuego interior, que se convertía en palabra impetuosa y explosiva (cf. *Jr* 5,14; 20,9; 23,29; *Ml* 3,2; *Si* 48,1; *Mt* 3,11; *Lc* 12,49), necesaria para expresar el celo ardiente del servidor de la causa de Dios. Siguiendo los pasos de Elías, Juan el Bautista e incluso el apóstol Pablo, el desdén ante la men-

[30] Cf. *ibíd.*

tira, la hipocresía y las falsas doctrinas enciende el discurso de Jerónimo haciéndolo provocativo y aparentemente duro. La dimensión polémica de sus escritos se comprende mejor si se lee como una especie de calco y actualización de la tradición profética más auténtica. Jerónimo, por tanto, es un modelo de testimonio inflexible de la verdad, que asume la severidad del reproche para inducir a la conversión. En la intensidad de las locuciones e imágenes se manifiesta la valentía del siervo que no quiere agradar a los hombres sino sólo a su Señor (*Ga* 1,10), por quien ha consumido toda la energía espiritual.

El estudio de la Sagrada Escritura

El amor apasionado de san Jerónimo por las divinas Escrituras está impregnado de obediencia. En primer lugar respecto a Dios, que se ha comunicado con palabras que exigen una escucha reverente[31] y, en consecuencia, también la obediencia a quienes en la Iglesia representan la tradición interpretativa viva del mensaje revelado. Sin embargo, la «obediencia de la fe» (*Rm* 1,5; 16,26) no es una mera recepción pasiva de lo que es conocido; al contrario, requiere el

[31] Cf. *ibíd.*, 7.

compromiso activo de la investigación personal. Podemos considerar a san Jerónimo como un "servidor" de la Palabra, fiel y trabajador, completamente consagrado a favorecer en sus hermanos de fe una comprensión más adecuada del «depósito» sagrado que les ha sido confiado (cf. *1 Tm* 6,20; *2 Tm* 1,14). Si no se entiende lo escrito por los autores inspirados, la misma Palabra de Dios carece de eficacia (cf. *Mt* 13,19) y el amor a Dios no puede surgir.

Ahora bien, las páginas bíblicas no siempre son accesibles de inmediato. Como se dice en Isaías (29,11), incluso para aquellos que saben "leer" —es decir, que han tenido una formación intelectual suficiente— el libro sagrado aparece "sellado", cerrado herméticamente a la interpretación. Por tanto, es necesario que intervenga un testigo competente para proporcionar la llave liberadora, la de Cristo Señor, único capaz de desatar los sellos y abrir el libro (cf. *Ap* 5,1-10), para revelar la prodigiosa efusión de la gracia (cf. *Lc* 4,17-21). Muchos entonces, incluso entre los cristianos practicantes, declaran abiertamente que no saben leer (cf. *Is* 29,12), no por analfabetismo, sino porque no están preparados para el lenguaje bíblico, sus modos expresivos y las tradiciones culturales antiguas, por lo que el texto bíblico resulta indescifrable, como si estuviera escrito en un alfabeto desconocido y en una lengua poco comprensible.

Se vuelve necesaria, por tanto, la mediación del intérprete, ejerciendo su función "diaconal", al ponerse al servicio de quienes no pueden comprender el sentido de lo escrito proféticamente. La imagen que se puede evocar, a este respecto, es la del diácono Felipe, impulsado por el Señor para ir en ayuda del eunuco que está leyendo un pasaje de Isaías en su carroza (53,7-8), pero sin poder comprender su significado: «¿Crees entender lo que estás leyendo?», pregunta Felipe; y el eunuco responde: «¿Cómo voy a entender si nadie me lo explica?» (*Hch* 8,30-31).[32]

Jerónimo es nuestro guía sea porque, como lo hizo Felipe (cf. *Hch* 8,35), lleva a quien lee al misterio de Jesús, sea también porque asume responsable y sistemáticamente las mediaciones exegéticas y culturales necesarias para una lectura correcta y fecunda de la Sagrada Escritura[33]. La competencia en las lenguas en las que se trans-

[32] Cf. *Ep. 53, 5*: *CSEL* 54, 451; S. Jerónimo, *Epistolario I (Cartas 1-85): Obras completas, edición bilingüe*, vol. Xa, ed. BAC, Madrid 2013, 505.

[33] Cf. Conc. Ecum. Vat. II, Const. dogm. *Dei Verbum*, sobre la divina revelación, 12.

mitió la Palabra de Dios, el cuidadoso análisis y evaluación de los manuscritos, la investigación arqueológica precisa, además del conocimiento de la historia de la interpretación, en definitiva, todos los recursos metodológicos que estaban disponibles en su época histórica los supo utilizar armónica y sabiamente, para orientar hacia una comprensión correcta de la Escritura inspirada.

Una dimensión tan ejemplar de la actividad de san Jerónimo es muy importante incluso en la Iglesia de hoy. Como nos enseña la *Dei Verbum*, si la Biblia es «como el alma de la sagrada teología»[34] y la columna vertebral espiritual de la práctica religiosa cristiana[35], es indispensable que el acto interpretativo de la misma esté sostenido por competencias específicas.

A este propósito sirven ciertamente los centros especializados para la investigación bíblica —como el Pontificio Instituto Bíblico en Roma y L'École Biblique y el Studium Biblicum Franciscanum en Jerusalén— y patrística —como el Augustinianum en Roma—, pero también las Facultades de Teología deben esforzarse para que la enseñanza de la Sagrada Escritura esté

[34] *Ibíd.*, 24.

[35] Cf. *ibíd.*, 25.

programada de tal manera que se asegure a los estudiantes una capacidad interpretativa competente, tanto en la exégesis de los textos como en la síntesis de la teología bíblica. La riqueza de las Escrituras es desafortunadamente ignorada o minimizada por muchos, porque no se les han proporcionado las bases esenciales del conocimiento. Por tanto, junto a un incremento de los estudios eclesiásticos dirigidos a sacerdotes y catequistas, que valoricen de manera más adecuada la competencia en la Sagrada Escritura, se debe promover una formación extendida a todos los cristianos, para que cada uno sea capaz de abrir el libro sagrado y extraer los frutos inestimables de sabiduría, esperanza y vida.[36]

Aquí quisiera recordar lo que expresó mi predecesor en la Exhortación apostólica *Verbum Domini*: «La sacramentalidad de la Palabra se puede entender en analogía con la presencia real de Cristo bajo las especies del pan y del vino consagrados. [...] Sobre la actitud que se ha de tener con respecto a la Eucaristía y la Palabra de Dios, dice san Jerónimo: "Nosotros leemos las Sagradas Escrituras. Yo pienso que el Evangelio es el Cuerpo de Cristo; yo pienso que las

[36] Cf. *ibíd.*, 21.

Sagradas Escrituras son su enseñanza. Y cuando él dice: 'Quien no come mi carne y bebe mi sangre' (*Jn* 6,53), aunque estas palabras puedan entenderse como referidas también al Misterio [eucarístico], sin embargo, el cuerpo de Cristo y su sangre es realmente la palabra de la Escritura, es la enseñanza de Dios"».[37]

Lamentablemente, en muchas familias cristianas nadie se siente capaz —como en cambio está prescrito en la Torá (cf. *Dt* 6,6)— de dar a conocer a sus hijos la Palabra del Señor, con toda su belleza, con toda su fuerza espiritual. Por eso quise establecer el Domingo de la Palabra de Dios,[38] animando a la lectura orante de la Biblia y a la familiaridad con la Palabra de Dios.[39] Todas las demás manifestaciones de la religiosidad se enriquecerán así de sentido, estarán orientadas por una jerarquía de valores y se dirigirán a

[37] N. 56; cf. *In Psalmum* 147: *CCL* 78, 337-338; S. Jerónimo, *Obras homiléticas. Comentario a los Salmos: Obras completas, edición bilingüe*, vol. I, ed. BAC, Madrid 1999, 635-636.

[38] Cf. Carta. ap. en forma de Motu Proprio *Aperuit illis* (30 septiembre 2019).

[39] Cf. Exhort. ap. *Evangelii gaudium*, 152.175: *AAS* 105 (2013), 1083-1084.1093.

lo que constituye la cumbre de la fe: la adhesión plena al misterio de Cristo.

La Vulgata

El "fruto más dulce de la ardua siembra"[40] del estudio del griego y el hebreo, realizado por Jerónimo, es la traducción del Antiguo Testamento del hebreo original al latín. Hasta ese momento, los cristianos del imperio romano sólo podían leer la Biblia en griego en su totalidad. Mientras que los libros del Nuevo Testamento se habían escrito en griego, para los del Antiguo existía una traducción completa, la llamada *Septuaginta* (es decir, la versión de los Setenta) realizada por la comunidad judía de Alejandría alrededor del siglo II a.C. Para los lectores de lengua latina, sin embargo, no había una versión completa de la Biblia en su propio idioma, sino sólo algunas traducciones, parciales e incompletas, que procedían del griego. Jerónimo, y después de él sus seguidores, tuvieron el mérito de haber emprendido una revisión y una nueva traducción de toda la Escritura. Con el estímulo del papa Dámaso, Jerónimo comenzó en Roma la revisión de los Evangelios y los Salmos, y luego, en su retiro en Belén, empezó la traducción

[40] Cf. *Ep.* 52,3: *CSEL* 54, 417.

de todos los libros veterotestamentarios, directamente del hebreo; una obra que duró años.

Para completar este trabajo de traducción, Jerónimo hizo un buen uso de sus conocimientos de griego y hebreo, así como de su sólida formación latina, y utilizó las herramientas filológicas que tenía a su disposición, en particular las *Hexaplas* de Orígenes. El texto final combinó la continuidad en las fórmulas, ahora de uso común, con una mayor adherencia al estilo hebreo, sin sacrificar la elegancia de la lengua latina. El resultado es un verdadero monumento que ha marcado la historia cultural de Occidente, dando forma al lenguaje teológico. Superados algunos rechazos iniciales, la traducción de Jerónimo se convirtió inmediatamente en patrimonio común tanto de los eruditos como del pueblo cristiano, de ahí el nombre de *Vulgata*.[41] La Europa medieval aprendió a leer, orar y razonar en las páginas de la Biblia traducidas por Jerónimo. «La Sagrada Escritura se ha convertido así en una especie de "inmenso vocabulario" (P. Claudel) y de "Atlas iconográfico" (M. Chagall) del que se han nutrido la cultura y el arte cristianos».[42] La literatura, las artes e in-

[41] Cf. *VD*, 72: *AAS* 102 (2010), 746-747.

[42] S. Juan Pablo II, *Carta a los artistas* (4 abril 1999), 5: *AAS* 91 (1999), 1159-1160.

cluso el lenguaje popular se han inspirado constantemente en la versión jeronimiana de la Biblia, dejándonos tesoros de belleza y devoción.

En relación a este hecho indiscutible, el Concilio de Trento estableció el carácter «auténtico» de la Vulgata en el decreto *Insuper*, rindiendo homenaje al uso secular que la Iglesia había hecho de ella y certificando su valor como instrumento de estudio, predicación y discusión pública.[43] Sin embargo, no pretendía minimizar la importancia de las lenguas originales, como no dejaba de recordar Jerónimo, ni mucho menos prohibir nuevos trabajos de traducción integral en el futuro. San Pablo VI, asumiendo el mandato de los Padres del Concilio Vaticano II, quiso que la revisión de la traducción de la Vulgata se completara y se pusiera a disposición de toda la Iglesia. Así es como san Juan Pablo II, en la Constitución apostólica *Scripturarum thesaurus*,[44] promulgó en 1979 la edición típica llamada *Neovulgata.*

La traducción como inculturación

Con su traducción, Jerónimo logró "inculturar" la Biblia en la lengua y la cultura latina, y esta

[43] Cf. Denzinger-Schönmetzer, *Enchiridion Symbolorum*, 1506.

[44] (25 abril 1979): *AAS* 71 (1979), 557-559.

obra se convirtió en un paradigma permanente para la acción misionera de la Iglesia. En efecto, «cuando una comunidad acoge el anuncio de la salvación, el Espíritu Santo fecunda su cultura con la fuerza transformadora del Evangelio»[45], y de este modo se establece una especie de circularidad: así como la traducción de Jerónimo está en deuda con la lengua y la cultura de los clásicos latinos, cuyas huellas son claramente visibles, así ella, con su lengua y su contenido simbólico y de imágenes, se ha convertido a su vez en un elemento creador de cultura.

El trabajo de traducción de Jerónimo nos enseña que los valores y las formas positivas de cada cultura representan un enriquecimiento para toda la Iglesia. Los diferentes modos en que la Palabra de Dios se anuncia, se comprende y se vive con cada nueva traducción enriquecen la Escritura misma, puesto que —según la conocida expresión de Gregorio Magno— crece con el lector,[46] recibiendo a lo largo de los siglos nuevos acentos y nueva sonoridad. La inserción de la Biblia y del Evangelio en las diferentes culturas hace que la Iglesia se manifieste cada vez

[45] Exhort. ap. *Evangelii gaudium*, 116: *AAS* 105 (2013), 1068.

[46] *Homilia in Ezech.* I, 7: *PL* 76, 843D.

más como «sponsa ornata monilibus suis» (*Is* 61,10). Y atestigua, al mismo tiempo, que la Biblia necesita ser traducida constantemente a las categorías lingüísticas y mentales de cada cultura y de cada generación, incluso en la secularizada cultura global de nuestro tiempo.[47]

Ha sido recordado, con razón, que es posible establecer una analogía entre la traducción, como acto de hospitalidad lingüística, y otras formas de hospitalidad.[48] Por eso, la traducción no es un trabajo que concierne únicamente al lenguaje, sino que corresponde, de hecho, a una decisión ética más amplia, que está relacionada con toda la visión de la vida. Sin traducción, las diferentes comunidades lingüísticas no podrían comunicarse entre sí; nosotros cerraríamos las puertas de la historia y negaríamos la posibilidad de construir una cultura del encuentro.[49] En efecto, sin traducción no hay hospitalidad y se fortalecen las acciones de hostilidad. El traductor es un constructor de puentes. ¡Cuántos juicios temerarios, cuántas condenas y conflictos surgen del hecho de igno-

[47] Cf. Exhort. ap. *Evangelii gaudium*, 116: *AAS* 105 (2013), 1068.

[48] Cf. P. Ricœur, *Sur la traduction*, Bayard, París 2004.

[49] Cf. Exhort. ap. *Evangelii gaudium*, 24: *AAS* 105 (2013), 1029-1030.

rar el idioma de los demás y de no esforzarnos, con tenaz esperanza, en esta prueba infinita de amor que es la traducción!

Jerónimo también tuvo que oponerse al pensamiento dominante de su época. Si en los albores del imperio romano, el saber griego era relativamente común, en ese momento ya era una rareza. Sin embargo, llegó a ser uno de los mejores conocedores de la lengua y literatura griega cristiana y se embarcó solo en un viaje aún más arduo cuando se dedicó al estudio del hebreo. Como fue escrito, si «los límites de mi lenguaje son los límites de mi mundo»,[50] podemos decir que le debemos al poliglotismo de san Jerónimo una comprensión más universal del cristianismo y, al mismo tiempo, más acorde con sus fuentes.

Con la celebración del centenario de la muerte de san Jerónimo, nuestra mirada se vuelve hacia la extraordinaria vitalidad misionera expresada por la traducción de la Palabra de Dios a más de tres mil idiomas. Muchos son los misioneros a quienes debemos la preciosa labor de publicar gramáticas, diccionarios y otras herramientas lingüísticas que ofrecen las bases de la comunicación humana y son un vehículo del «sueño mi-

[50] L. WITTGENSTEIN, *Tractatus logico-philosophicus*, 5.6.

sionero de llegar a todos».[51] Es necesario valorar todo este trabajo e invertir en él, contribuyendo a superar las fronteras de la incomunicabilidad y de la falta de encuentro. Todavía queda mucho por hacer. Como ha sido afirmado, no existe comprensión sin traducción;[52] no nos comprenderemos a nosotros mismos, ni a los demás.

Jerónimo y la cátedra de Pedro

Jerónimo siempre tuvo una relación especial con la ciudad de Roma: Roma es el puerto espiritual al que regresó continuamente; en Roma se formó el humanista y se forjó el cristiano; él era *homo romanus*. Este vínculo se daba, de manera muy peculiar, en la lengua de la Urbe, el latín, del que fue maestro y conocedor, pero estuvo sobre todo vinculado a la Iglesia de Roma y, en especial, a la cátedra de Pedro. La tradición iconográfica, de manera anacrónica, lo representaba con la púrpura cardenalicia, para señalar su pertenencia al presbiterio de Roma junto al papa Dámaso. Fue en Roma donde comenzó la revisión de la traducción; e incluso cuando la envidia y la in-

[51] Exhort. ap. *Evangelii gaudium*, 31: *AAS* 105 (2013), 1033.

[52] Cf. G. Steiner, *After Babel. Aspects of language and translation*, Oxford University Press, Nueva York 1975.

comprensión lo obligaron a abandonar la ciudad, siempre permaneció fuertemente vinculado a la cátedra de Pedro.

Para Jerónimo, la Iglesia de Roma era el terreno fértil donde la semilla de Cristo da fruto abundante.[53] En una época agitada, en la que la túnica inconsútil de la Iglesia se veía a menudo desgarrada por las divisiones entre los cristianos, Jerónimo consideraba la cátedra de Pedro como un punto de referencia seguro: «Yo, que no sigo más primacía que la de Cristo, me uno por la comunión a tu beatitud, es decir, a la cátedra de Pedro. Sé que la Iglesia está edificada sobre esa roca». En medio de las disputas contra los arrianos, escribió a Dámaso: «Quien no recoge contigo, desparrama; es decir, el que no es de Cristo es del anticristo».[54] Por eso podía afirmar también: «El que se adhiera a la cátedra de Pedro es mío».[55]

Jerónimo a menudo se vio involucrado en discusiones ásperas a causa de la fe. Su amor por la verdad y la ardiente defensa de Cristo quizá lo llevaron a exagerar la violencia verbal en sus cartas y escritos. Sin embargo, vivía orientado a la paz: «También nosotros queremos la paz, y no sólo la

[53] Cf. *Ep.* 15, 1: *CSEL* 54, 63.
[54] *Ibíd.*, 15, 2: *CSEL* 54, 62-64.
[55] *Ibíd.*, 16, 2: *CSEL* 54, 69.

queremos, sino que la pedimos suplicantes. Pero la paz de Cristo, la paz verdadera, una paz sin enemistades, una paz que no lleve escondida la guerra, una paz que no esclavice a los adversarios, sino que los una como amigos».[56]

Nuestro mundo necesita más que nunca la medicina de la misericordia y la comunión. Permítanme repetir una vez más: Demos un testimonio de comunión fraterna que sea atractivo y luminoso.[57] «En esto conocerán todos que sois discípulos míos: si os amáis unos a otros» (*Jn* 13,35). Es lo que pidió intensamente Jesús con su oración al Padre: «Para que todos sean uno [...] en nosotros, para que el mundo crea» (*Jn* 17,21).

Amar lo que Jerónimo amó

Como conclusión de esta Carta, quisiera hacer un nuevo llamamiento a todos. Entre los muchos elogios que la posteridad le rinde a san Jerónimo está el de no ser considerado solamente uno de los más grandes estudiosos de la "biblioteca" de la que el cristianismo se nutre a lo largo del tiempo, comenzando por el tesoro de las Sagradas

[56] *Ibíd.*, 82, 2: *CSEL* 55, 109.

[57] Cf. Exhort. ap. *Evangelii gaudium*, 99: *AAS* 105 (2013), 1061.

Escrituras; sino que también se le puede aplicar lo que él mismo escribió sobre Nepociano: «Por la asidua lectura y la meditación prolongada, había hecho de su corazón una biblioteca de Cristo».[58] Jerónimo no escatimó esfuerzos para enriquecer su biblioteca, en la que siempre vio un laboratorio indispensable para la comprensión de la fe y la vida espiritual; y en esto constituye un maravilloso ejemplo también para el presente. Pero, además, fue más lejos. Para él, el estudio no se limitaba a sus primeros años juveniles de formación, sino que era un compromiso constante, una prioridad de todos los días de su vida. En definitiva, podemos decir que asimiló toda una biblioteca y se convirtió en dispensador de conocimiento para muchos otros. Postumiano, que en el siglo IV viajó a Oriente para descubrir los movimientos monásticos, fue testigo ocular del estilo de vida de Jerónimo, con quien permaneció unos meses, y lo describió de la siguiente manera: «Él es todo en la lectura, todo en los libros; no descansa ni de día ni de noche; siempre lee o escribe algo».[59]

En este sentido, a menudo pienso en la experiencia que puede tener un joven hoy al entrar en una librería de su ciudad, o en una página de inter-

[58] *Ep.* 60, 10: *CSEL* 54, 561.

[59] Sulpicius Severus, *Dialogus* I, 9, 5: *SCh* 510, 136-138.

net, y buscar el sector de libros religiosos. Es un espacio que, cuando existe, en la mayoría de los casos no sólo es marginal, sino carente de obras sustanciales. Al examinar esos estantes, o esas páginas en la red, es difícil para un joven comprender cómo la investigación religiosa pueda ser una aventura emocionante que une pensamiento y corazón; cómo la sed de Dios haya encendido grandes mentes a lo largo de los siglos hasta hoy; cómo la maduración de la vida espiritual haya contagiado a teólogos y filósofos, artistas y poetas, historiadores y científicos. Uno de los problemas actuales, no sólo de religión, es el analfabetismo: escasean las competencias hermenéuticas que nos hagan intérpretes y traductores creíbles de nuestra propia tradición cultural. Deseo lanzar un desafío, de modo particular, a los jóvenes: Vayan en busca de su herencia. El cristianismo los convierte en herederos de un patrimonio cultural insuperable del que deben tomar posesión. Apasiónense de esta historia, que es de ustedes. Atrévanse a fijar la mirada en Jerónimo, ese joven inquieto que, como el personaje de la parábola de Jesús, vendió todo lo que tenía para comprar «la perla de gran valor» (*Mt* 13,46).

Verdaderamente, Jerónimo es la «biblioteca de Cristo», una biblioteca perenne que dieciséis siglos después sigue enseñándonos lo que significa el amor de Cristo, un amor que no se puede separar del encuentro con su Palabra. Por esta razón, el centenario actual representa una llamada a amar lo que Jerónimo amó, redescubriendo sus escritos y dejándonos tocar por el impacto de una espiritualidad que puede describirse, en su núcleo más vital, como el deseo inquieto y apasionado de un conocimiento más profundo del Dios de la Revelación. ¿Cómo no escuchar, en nuestros días, lo que Jerónimo exhortaba incesantemente a sus contemporáneos: «Lee muy a menudo las Divinas Escrituras, o mejor, nunca el texto sagrado se te caiga de las manos»?[60]

Un ejemplo luminoso es la Virgen María, evocada por Jerónimo sobre todo como madre virginal, pero también en su actitud de lectora orante de la Escritura. María meditaba en su corazón (cf. *Lc* 2,19.51) porque «era santa y había leído las Sagradas Escrituras, conocía a los profetas y recordaba lo que el ángel Gabriel le había anunciado y lo que se le había augurado por boca de los profetas. [...] Veía a Aquel recién nacido, que era su Hijo, su único Hijo, acostado y dando vagidos, en ese pesebre, pero a quien en realidad estaba viendo allí acostado era al Hijo de Dios; y lo

[60] *Ep*. 52, 7: *CSEL* 54, 426.

que ella estaba viendo andaba comparándolo con cuanto había oído y leído».[61] Encomendémonos a ella, que mejor que nadie puede enseñarnos a leer, meditar, rezar y contemplar a Dios, que se hace presente en nuestra vida sin cansarse jamás.

Roma, San Juan de Letrán, 30 de septiembre, memoria de san Jerónimo, del año 2020, octavo de mi pontificado.

Franciscus

[61] *Homilia de nativitate Domini* IV: *PLSuppl.* 2, 191; S. JERÓNIMO, *Obras homiléticas. Comentario a los Salmos: Obras completas, edición bilingüe,* vol. I, ed. BAC, Madrid 1999, 961.

ÍNDICE

Francisco

Carta Apostólica

Scripturae Sacrae affectus

en el XVI centenario

de la muerte de San Jerónimo

www.ingramcontent.com/pod-product-compliance
Lightning Source LLC
LaVergne TN
LVHW010435230826
846092LV00009BA/1164